MINNIE E MARGARIDA SÃO MELHORES AMIGAS E ADORAM VIAJAR JUNTAS!

© Disney

**ANTES DE SAIR PARA PASSEAR É IMPORTANTE NÃO DESCUIDAR DO VISUAL.
A MINNIE ESTÁ LINDA, NÃO É MESMO?**

© Disney

UAU! QUANTO ESTILO, MARGARIDA!

© Disney

OLHA QUEM FOI NA MALA! FÍGARO!

© Disney

OLHA O PASSARINHO!

© Disney

**MICKEY E MINNIE DECIDIRAM FAZER
UM PIQUENIQUE!**

© Disney

MINNIE ENCONTROU UM NOVO AMIGUINHO!

**MARGARIDA ENCONTROU PINTINHOS.
OLHA COMO ELES SÃO FOFOS!**

© Disney

**MINNIE E MARGARIDA FORAM
DAR UM PASSEIO DE BICICLETA.**

© Disney

PATETA, CUIDADO COM AS ABELHAS!

© Disney

DONALD, CUIDADO COM OS GRILOS!

QUE PIPA MAIS LINDA, MINNIE!

© Disney

MICKEY, AONDE VOCÊ VAI?

© Disney

DEPOIS DE UM DIA CHEIO, UM MOMENTO
DE DESCANSO CAI MUITO BEM.

© Disney

MICKEY TAMBÉM ACHA QUE DESCANSAR SERIA UMA ÓTIMA IDEIA!

© Disney

ATÉ MAIS, AMIGOS!

© Disney